DEUX

DISCOURS DE MARIAGE

PRONONCÉS

DANS LE TEMPLE DE WEITBRUCH

PAR

A. WEBER,

PASTEUR.

———∞◦❂◦∞———

STRASBOURG,

IMPRIMERIE DE FRÉDÉRIC-CHARLES HEITZ,

RUE DE L'OUTRE, 5.

—

1866.

DISCOURS

PRONONCÉ

LORS DE LA BÉNÉDICTION DU MARIAGE

DE

M. PIERRE-ZOÏLE VEDEL,

PROFESSEUR AU PROGYMNASE DE BISCHWILLER,

ET DE

MARIE-LÉONIE WEBER,

LE 17 AOUT 1865.

———

PSAUME 121, 1. 2.

J'élève mes yeux vers les montagnes, d'où me viendra le secours. Mon secours vient de l'Éternel, qui a fait les cieux et la terre.

Chers fiancés! Et vous, mes biens-aimés frères et sœurs en Christ !

Notre vie ressemble à un pèlerinage qui nous fait monter à travers les basses régions des plaines et des vallées, où la vue demeure étroite et resserrée, vers des régions plus élevées, où des horizons plus vastes et plus libres viennent réjouir nos regards ébahis.

Toutes nos aspirations tendent à monter, à s'élever. Le désir de progresser en montant nous est inné, et rien ne saurait l'étouffer dans nos cœurs. Les heures solennelles de notre pèlerinage sont celles, où nous constatons avec joie d'avoir progressé, et d'avoir poursuivi une marche toujours ascendante, de nous être arrêtés à une station plus élevée de la vie.

Une telle heure solennelle a sonné aujourd'hui pour vous, mes chers enfants. Vous l'attendiez avec impatience, et cependant vous ne pourrez la saluer, sans éprouver la plus vive émotion.

Cette heure va s'engrener profondément dans le rouage de votre vie. Elle est décisive pour toutes vos destinées futures;

elle renferme, dans des germes encore cachés à vos yeux, tout ce que l'avenir vous réservera en bien et en mal. En vous plaçant devant la sombre porte d'un avenir encore incertain, cette heure vous rappelle, au seuil de cette porte, l'image réjouissante de vos jours écoulés paisiblement au milieu de votre famille. En vous conviant à une alliance aussi sainte que féconde en belles promesses, elle va délier des liens bien tendres et bien sacrés.

Ces considérations expliquent la profonde émotion de vos cœurs; elles engagent vos parents et vos amis, ceux qui vous ont accompagnés dans le lieu saint, comme ceux, auxquels la grande distance qui nous sépare, n'avait pas permis de se joindre à nous, à faire monter au ciel de ferventes prières, pour implorer le divin Dispensateur de toute grâce de répandre sur vous ses plus précieuses bénédictions; elles motivent la présence à l'autel de votre père, pour recevoir, en sa qualité de ministre ordonné de l'Église, vos vœux, pour confirmer publiquement votre alliance de mariage, et pour la sanctifier par la parole de Dieu et par l'invocation de son saint Nom.

Ma tâche est aujourd'hui délicate et difficile. Un sentiment de douce tristesse me domine; car comment oublier, que l'alliance conjugale, que je vais bénir, sera une séparation pour nous, que ma bénédiction sera un adieu pour vous, mes chers enfants?

Tu n'ignores pas, chère Léonie, ce que ta mère et moi, nous ressentons en cette heure solennelle. Dès ta plus tendre enfance, tu avais appris à connaître toute notre tendresse pour toi. En échange tu nous avais rendus heureux par les marques journalières de ta piété filiale. Le souvenir de cet échange si doux des plus nobles sentiments se présente en ce moment à mon esprit; il me rappelle cet heureux passé, et me cause une émotion que j'ai de la peine à maîtriser. Ah! je voudrais bien me taire et ne rien faire que de prier en silence pour toi et pour celui qui sera désormais le fidèle compagnon de ta vie.

Et pourtant, mes chers enfants, je me sens également pressé de vous adresser des paroles affectueuses, et de vous donner des avis paternels pour la direction de votre vie nouvelle, afin que vous envisagiez sous son véritable point de vue, l'alliance, que vous allez confirmer devant Dieu et devant cette assemblée chrétienne, et que vous débutiez dans un monde encore nouveau pour vous avec cette assurance réfléchie, avec cette joie pleine de confiance, que la religion seule sait inspirer.

J'élève mes yeux vers les montagnes, d'où me viendra le secours. Mon secours vient de l'Éternel qui a fait les cieux et la terre. Cette prière du psalmiste sera dès aujourd'hui la vôtre. En vous indiquant la direction, que vous aurez à prendre, et la source, d'où vous puiserez les secours, dont vous aurez besoin, elle vous donnera la force et le courage de marcher sans hésitation dans le sentier, qui aboutit à une hauteur, où la vie vous apparaîtra sous un point de vue plus élevé.

Le sentier, que vous abordez aujourd'hui, monte à la montagne. — Voilà la belle image de votre alliance de mariage. Oh, retenez-la bien cette image! Elle vous donnera une idée juste de la nature et des devoirs de la sainte alliance, que vous allez contracter, tout en vous faisant entrevoir les précieuses promesses, que Dieu a rattachées à l'alliance de mariage, et qui, nous l'espérons, se réaliseront pour vous.

Notre vie se développe graduellement. A mesure que nous avançons, notre point de vue change, la position, que nous occupons dans la Société, devient plus considérable. En marhant en avant, nous montons, nous grandissons.

Pour vous en convaincre, chers fiancés, je n'ai qu'à rafraîchir vos souvenirs, et vous rappeler la marche de votre vie suivie jusqu'à ce jour.

Déjà une fois, chère Léonie, tu reçus ma bénédiction, et ma main reposa sur toi dans le sanctuaire du Seigneur. Ce fut, il y a huit ans, le jour de ta confirmation, de ton émancipation chrétienne. Tu confirmas alors publiquement les déclarations faites en ton nom lors de ton baptême, et tu reçus à l'autel la consécration de l'adolescence.

Alors aussi tu te trouvas placée sur une sainte hauteur. La vie t'apparut sous un point de vue plus important et plus sérieux. Le sentier du devoir devint plus difficile; tu ressentis plus profondément le besoin de l'assistance et de la bénédiction divines, pour accomplir avec fidélité ce que tu avais promis avec tant de sincérité.

Mais tu continuais à demeurer dans tes relations de famille habituelles. Rien n'était changé dans tes habitudes de tous les jours. Quoique émancipée jusqu'à un certain degré, tu continuais à demeurer toujours sous la direction affectueuse de ton père et de ta mère.

Aujourd'hui l'œuvre de ton éducation se trouve achevée; nous l'avons accomplie, autant qu'il nous était donné de l'accomplir. Notre affection te restera; elle t'accompagnera partout et en tout lieu; elle survivra à la séparation de ce jour, et même à la mort; elle te restera éternellement. Mais à partir de ce jour, notre direction et notre surveillance vont cesser; tu te guideras seule, tu suivras tes propres inspirations. En donnant la main à l'époux, que tu as choisi librement, tu te trouves revêtue d'une nouvelle dignité, de la plus respectable dignité, que Dieu conféra à la femme, de la dignité d'épouse chrétienne. Ta position a changé; elle est devenue plus importante.

Et vous, mon cher fils, la marche de votre vie n'a-t-elle pas été semblable à celle de votre fiancée? Hélas, il est vrai, vous avez été moins heureux qu'elle, vous apprites à connaitre de bonne heure les vicissitudes, les rudes épreuves de la vie. Vous ne vous réjouites que pendant peu d'années de la tendresse d'une mère aimante et dévouée. L'arrêt de celui, dont les pensées sont merveilleusement profondes, avait retiré du monde celle, qui vous avait donné le jour, au moment où vous atteigniez à peine l'âge de pouvoir apprécier le prix de la tendresse maternelle. Votre père vous restait, et les rudes épreuves, que vous eûtes à traverser, vous douèrent de bonne heure de cette fermeté de caractère, de cette énergie de volonté, qui hâta le développement de vos heureuses dispositions intellectuelles. Vous choisites la carrière de l'enseignement public, et vous quittâtes votre famille pour vous préparer pour les importantes fonctions de professeur du jeune âge dans un établissement scientifique et pédagogique. Plus tard vous prites congé du pays, qui vous avait vu naître, pour débuter dans la carrière de l'enseignement public dans une école, qu'une pensée généreuse venait de fonder dans la cité manufacturière par excellence de notre département, et à laquelle une direction habile et d'une initiative courageuse donna une organisation, qui assure à la génération, qui va nous remplacer, tous les bienfaits d'une instruction solide et appropriée aux besoins si variés de notre époque.

Votre position avait grandi; aujourd'hui elle change de nouveau; elle devient plus importante encore. Vous allez contracter la sainte alliance, que le Dieu d'amour lui-même fonda, cette alliance, qui est la source féconde du bien-être du genre humain, de laquelle découlent sur les nations les plus riches et les plus précieuses bénédictions, cette alliance, qui vous confère une plus grande autorité, et qui vous assure dans la vie publique une position plus solide et plus stable.

En retraçant ainsi la marche, qu'avait prise votre vie, n'avez-vous pas poursuivi constamment un chemin de plus en plus ascendant, et n'ai-je pas raison de dire, que votre position d'aujourd'hui a gagné en importance? Mais ne vous en effrayez point, mes chers enfants. Plus vous monterez, plus vous vous rapprochez du ciel. Ce n'est que dans les bas-fonds, dans les vallées profondes, que les brouillards prennent naissance et s'étendent. Les espaces libres et lumineux se trouvent sur la cime des montagnes. Là, les nuages de la terre sont sous nos pieds, et le ciel pur et serein étend sa voûte brillante au-dessus de nos têtes. Sur les hauteurs de la vie se réveillent en nous les sentiments les plus purs et les plus saints. C'est là que nous ressentons le voisinage du Dieu d'amour. Aussi le peuple d'Israël aimait-il à se représenter son union intime avec l'Éternel sous l'image d'une ascension; il considérait les hauteurs comme des lieux sacrés, où le Seigneur se révélait de préférence à ses serviteurs. Et leurs chanteurs sacrés s'écrièrent en entonnant leurs psaumes : «Jérusalem est environnée de montagnes, et l'Éternel est autour de son peuple dès maintenant et à toujours. » Ils élevèrent leurs yeux vers les montagnes d'où leur viendra le secours.

La vie conjugale est une telle sainte hauteur, où l'Éternel est autour de nous; c'est dans cette union de deux cœurs pour toute la durée de la vie terrestre, que le ciel se rapproche de nous; que les cœurs pieux sont saisis du sentiment, que le Seigneur est proche.

Ce n'est pas seulement dans les misères et les tribulations de la vie, que nous recourons à l'Éternel. Non, l'amour aussi enseigne la prière. Celui qui aime beaucoup, a aussi beaucoup à perdre, et il se sent impuissant de conjurer les orages de la vie; des époux, qui s'aiment tendrement, voient journellement les cieux ouverts. Celui qui aime beaucoup, est aussi béni beaucoup; et chaque jour il offre ses actions de grâce au Père des lumières, de qui descend toute grâce céleste et tout don parfait.

Vous me comprenez, chers fiancés! Ce sont de saints, de nobles sentiments que je viens réveiller dans vos cœurs émus. En vous rappelant dans ce moment solennel la direction qu'a prise votre vie, ne vous sentez-vous pas disposés à exalter le Dieu de toute bonté, qui n'a cessé un seul instant de veiller sur vous, et qui vous a comblés jusqu'à ce jour de nombreux bienfaits? Cette journée de fête n'est-elle pas la journée que Dieu vous a faite? N'êtes-vous pas arrivés au terme de vos plus chers désirs? En contemplant la marche toujours ascendante de votre vie, en vous rappelant comment vous vous êtes rencontrés, n'êtes-vous pas obligés de vous écrier avec le sentiment de la plus profonde gratitude : Ceci a été fait par l'Éternel, et a été une chose merveilleuse devant nos yeux !

Ah, conservez toujours dans le cours de votre vie ces sentiments de piété; procédez souvent dans des moments de sérieux recueillement à l'humble et respectueuse enquête des voies de la Providence, qui se manifestent dans la vie de chaque homme; et la famille, que vous allez fonder, vous apparaitra toujours sous un point de vue important et digne de respect. Vous reconnaîtrez avec une émotion et une joie profondes, que l'alliance que vous contractez aujourd'hui, vous a placés dans une position plus élevée, et qui vous rapproche du ciel et de votre Père céleste.

Mais ne l'oubliez pas. Plus vous monterez à la montagne, plus l'horizon, qui est devant vous, se dégagera de ses liens et prendra des proportions plus grandes. La vue ne porte pas au loin dans la vallée; chaque inégalité de terrain, chaque monticule l'arrêtera et dérobera le paysage à vos yeux. Mais les barrières tombent, à mesure que nous atteignons les hauteurs. Sur la cime des montagnes, la vue la plus large s'ouvre devant nous et nous fait contempler avec ravissement les merveilles que Dieu a répandues dans son temple magnifique de la nature. Mais si votre vue s'élargit sur la montagne, vous-mêmes, vous vous trouvez exposés à être vus de tous ceux qui dirigent leurs regards sur la hauteur que vous aurez atteinte.

Voici, mes chers fiancés, un nouveau trait de la belle image de l'alliance conjugale. Ce trait vous frappera, car il donne lieu à des considérations fort sérieuses.

Plus votre position s'élève et devient importante, plus vous serez en évidence, et plus vous serez observés. La vie de famille, quelque retirée qu'elle soit, n'échappe jamais à l'attention du public. La vie de famille du professeur du jeune âge attire toujours des regards curieux et attentifs, ne fût-ce que ceux des familles qui viennent lui confier leurs enfants.

Que ce soit pour vous, chers fiancés, un avis de veiller sur tous vos pas et d'être attentifs sur vous-mêmes. Mais en vous laissant guider dans toutes vos actions par une prudence réservée, gardez-vous bien de la dissimulation hypocrite, qui est le tombeau de la loyauté, de la sincérité. Dussiez-vous attirer sur vous l'attention publique, plus que vous ne le désirez, n'en soyez ni surpris ni blessés. Quelque grande que soit la part qu'une curiosité importune et oisive semble attacher à votre vie, songez que cette attention qui vous embarrasse, est la preuve de l'intérêt que vous inspirez, de la considération qu'on vous témoigne. Les hommes indifférents ou inutiles ne sont jamais l'objet de l'attention particulière, on ne se soucie et on ne s'occupe pas d'eux.

Vos rapports avec le monde qui vous entoure, deviendront dès aujourd'hui plus nombreux et plus variés. Vous ressentirez davantage le besoin d'inspirer de l'intérêt aux personnes, avec lesquelles vous vous trouverez en contact, et vous aurez recours aux services que vous serez dans le cas de leur demander. Eh bien, vous ne refuserez pas non plus aux autres, ce qu'ils attendent de vous; ce sera pour vous un saint devoir d'accorder aux autres ce que vous désirez et attendez d'eux pour vous-mêmes. La vie de famille chrétienne ne comporte pas l'égoïsme froid et étroit, qui dessèche le cœur et le rend dur. Les personnes, avec lesquelles vous vous trouverez en contact, ont droit à votre bienveillance franche, loyale et sincère, comme vous aurez besoin de la leur. Apportez-donc dans vos relations sociales cette affabilité douce et aimante, qui vous porte à être dans la joie avec ceux, qui sont dans la joie, et à pleurer avec ceux qui pleurent.

Ces considérations sont graves et bien sérieuses; mais rassurez-vous, elles se trouveront adoucies par d'autres considérations.

Sur les montagnes, notre vue se dilate, et dans une sphère d'activité élevée, notre vie devient plus riche en jouissances. Si vos relations sociales sont plus nombreuses et plus variées, vous n'aurez pas à craindre que l'insipide monotonie ne prenne place ni dans vos cœurs, ni dans votre foyer domestique. Si les personnes qui vous entourent, vous jugent dignes de leur attention particulière, quelle belle occasion pour vous de gagner des cœurs, d'acquérir des amis qui prennent une part sincère à vos joies et à vos souffrances!

Abordez donc sans hésitation, chers fiancés, le sentier qui monte à la montagne. Ne vous effrayez-pas de l'étendue de votre sphère d'activité, qui s'élargira à mesure que vous avancerez. Mais ne perdez pas non plus de vue, qu'à partir de ce jour de nouveaux devoirs vous réclament, et que la tâche qui vous est imposée, devient plus grande et plus difficile.

On ne gravit pas la montagne d'un pas léger. Non, il faut faire des efforts; il faut supporter des fatigues, surmonter souvent de grandes difficultés. Mais en persévérant dans votre marche, de larges compensations vous récompenseront de toutes vos peines et de toutes vos fatigues.

Les pieux vœux que vous déposerez tantôt aux pieds du trône de l'Éternel, sont un engagement solennel, qu'aucune puissance humaine ne pourra rompre, dont la mort seule pourra vous délier. Ah ! c'est quelque chose de bien sérieux, que de se lier pour toute la durée de sa vie et d'associer d'une manière indissoluble son sort à celui d'une autre personne. C'est la plus haute marque de confiance que vous vous témoignez réciproquement; mais c'est aussi une grande responsabilité que vous assumez.

Tenez, mon cher fils, nous vous donnons ce que nous possédons de plus cher au monde, nous vous donnons notre enfant chérie. Le moment de nous séparer d'elle nous rendra bien tristes, et bien souvent nous regretterons notre chère fille dans notre tranquille et paisible presbytère. Mais nous surmontons la douleur de la séparation, parce que nous avons la confiance, que vous veillerez sur elle, que vous la rendrez heureuse, que vous la conduirez avec douceur à travers toutes les épreuves de la vie. — Et elle-même, elle est prête à vous donner sa main, avec la confiance la plus absolue, que l'amour seul peut inspirer.

Elle est prête à se séparer de ses père et mère qu'elle aime, de ses sœurs chéries, avec lesquelles elle partageait l'affection de ses parents, elle traversait les heureuses années de l'enfance et de la jeunesse, et qui n'oublieront jamais leur bonne et douce Léonie. Elle dit adieu à tout ce qui la charmait depuis, pour vous consacrer toutes ses forces, toute son existence. Ah, je lis dans votre cœur vos saintes résolutions. Vous saisissez sa main avec transport, mais aussi avec la ferme volonté, de lui consacrer toute votre vie, de lui être, non pas un maître qui lui impose sa volonté, mais un guide affectueux et vigilant; et de travailler de toutes les forces, dont vous disposez, pour lui assurer des jours heureux et paisibles. C'est là une tâche bien grande que vous vous proposez; il faudra de nobles efforts et une grande persévérance pour la résoudre avec succès.

Et toi, chère Léonie ! Voici l'élu de ton cœur, qui fonde sur toi les plus chères espérances de sa vie. Uni à toi par les liens indissolubles du mariage, il a l'espoir de trouver auprès de toi le bonheur domestique. C'est toi qui devra le seconder dans ses difficiles et importantes fonctions; c'est à toi qu'il rapportera tous les succès de ses travaux journaliers; c'est à toi qu'il recourra pour trouver les encouragements pour de nouveaux efforts et de nouveaux succès. Éloigné de ceux que les liens sacrés du sang lui ont rendus chers, ton affection devra remplacer celle de sa famille. — Je connais ton cœur, je sais qu'en ce moment solennel tu prends en silence devant Dieu l'engagement d'être une épouse dévouée et aimante comme tu avais été une fille tendre et soumise. Mais c'est encore là une grande résolution, qui exigera beaucoup de persévérance et de grands efforts pour se réaliser dans toutes les situations de la vie.

Et où puiserez-vous, chers enfants, les encouragements dont vous aurez besoin dans votre nouvelle carrière, si ce n'est dans vos sentiments religieux et dans la pensée qu'une large compensation vous est réservée, en marchant résolument dans le sentier de vos nouveaux devoirs. Il est vrai, le sort que votre union conjugale vous prépare, tout en vous mettant en évidence, est bien modeste, mais il suffira à des cœurs qui s'aiment avec tendresse. La carrière de l'enseignement et de l'éducation d'enfants, qui pourront vous être confiés, vous imposera souvent des privations; c'est une carrière d'abnégation, dans laquelle on ne recueille souvent pour toute récompense que la satisfaction d'avoir fait le bien. Mais des époux préoccupés avant tout de leurs devoirs ne regretteront pas les plaisirs du monde; leur amour mutuel suppléera amplement à tout ce que le monde leur pourra refuser. Les brouillards de la terre atteignent quelquefois la cime des montagnes et les cachent à nos regards, et le ciel de l'union conjugale se couvre parfois de sombres nuages; mais l'amour trouvera encore une jouissance à consoler, à soulager celui qui souffre, et dans les larmes même il y a une félicité.

En marchant ainsi dans le sentier de l'amour et du devoir qui s'ouvre aujourd'hui pour vous, en vous efforçant de conserver l'esprit doux et paisible, qui est d'un grand prix devant Dieu, vous constaterez une fois de plus par votre union conjugale, que le bonheur domestique ne réside pas dans les richesses et les plaisirs du monde, que l'amour conjugal glorifie la vie, élève l'esprit, surmonte les soucis, allie à Dieu et au ciel, inspire la résignation chrétienne dans les revers de la vie.

Eh bien donc, mes chers enfants, poursuivez avec confiance le chemin, qui est devant vous; remplissez fidèlement et avec une persévérance à toute épreuve vos nouveaux devoirs. Que Dieu, qui habite dans le ciel, dirige votre voyage, et que l'ange de Dieu vous tienne compagnie! Et si jamais votre courage venait à faillir, si jamais les épreuves que l'avenir pourra vous réserver, vous semblaient trop lourdes, souvenez-vous que l'Éternel est fort et puissant, et dites avec le psalmiste : «J'élève mes yeux vers les montagnes d'où me viendra le secours. Mon secours vient de l'Éternel qui a fait les cieux et la terre.» Amen.

DISCOURS

PRONONCÉ

A L'OCCASION DE LA BÉNÉDICTION DU MARIAGE

DE

M. VICTOR MORET,

PROFESSEUR DE MUSIQUE ET COMPOSITEUR A PARIS,

ET DE

ÉLISA WEBER,

LE 8 MAI 1866.

PSAUME 129, 8.

La bénédiction de l'Éternel soit sur vous ! Nous vous bénissons au nom de l'Éternel.

Bien-aimés en Jésus-Christ !

Toute grâce excellente et tout don parfait, venant d'en haut, et descendant du Père des lumières, en qui il n'y a point de variation, ni aucune ombre de changement, notre première pensée dans cette heure si importante et si décisive pour le couple chéri, qui est au milieu de nous, doit monter à Dieu : car si l'Éternel ne bâtit pas la maison, ceux qui la bâtissent y travaillent en vain, et ce que l'Éternel bénit, sera béni à jamais.

C'est donc à Dieu que s'élève avant tout mon cœur sous l'empire de profondes émotions, en ce moment où je suis appelé, en ma qualité de père et de ministre du saint Évangile, à donner la consécration de l'Église à l'alliance conjugale de ma fille bien aimée avec celui qu'elle a choisi librement, pour être désormais le fidèle compagnon, le guide et le soutien de sa vie.

L'acte saint et solennel, que je vais accomplir aujourd'hui, me transporte, sans faire la moindre violence à ma mémoire, dans un passé qui est déjà fort loin de nous : il me rappelle un anniversaire cher à mon cœur et aux miens. La bénédiction du mariage de ma fille coïncide avec l'anniversaire de la consécration de mon union conjugale avec celle qui fut depuis la fidèle compagne de ma vie, la tendre et dévouée mère de mes enfants.

Il y a trente ans, presque à pareil jour et à pareille heure, nous nous présentâmes, comme ces chers fiancés, dans le sanctuaire du Seigneur, pour ratifier solennellement, en sa présence et devant un cercle d'amis, dont la plupart ont déjà été appelés à Dieu, les promesses de mariage, qui nous avaient été d'autant plus sacrées, qu'elles avaient été mûriespar un temps d'épreuves bien long.

Aujourd'hui où ce souvenir de trente années de ma vie et de trente années de bénédiction, de bonheur domestique sans trouble, s'offre naturellement à mon esprit, en me rappelant les diverses phases de ma vie de famille et la protection si manifeste de la Providence, qui n'avait pas cessé un instant de veiller sur moi et les miens et de nous combler de bénédictions pendant cette période trentenaire de douce et d'affectueuse union, je me sens pressé d'adresser au Père céleste les actions de grâces de mon cœur vivement attendri, en m'écriant avec le patriarche de l'ancienne alliance : «Je suis trop petit au prix de toutes tes faveurs «et de la vérité que tu as gardée dans les promesses envers «ton serviteur,« et en entonnant le cantique de reconnaissance du poète sacré : «Mon âme, bénis l'Éternel, et tout ce qui est «en moi, bénisse le nom de sa sainteté! Mon âme bénis l'Éter-«nel, et n'oublie pas un de ses bienfaits! La miséricorde de «l'Éternel est de tout temps et à toujours sur ceux qui le craignent, «et sa justice sur les enfants de leurs enfants; à ceux qui gardent «son alliance, et qui se souviennent de ses commandements, «pour les accomplir!«

Mais j'ai hâte de quitter ce souvenir personnel, et je vous prie, mes bien-aimés, de vouloir bien me pardonner avec indulgence cette digression. Je reviens à l'action sainte, qui nous a réunis dans cette humble et modeste maison de Dieu.

Dieu, étant la source de toute force et de toute bénédiction, j'ai recours à son assistance, pour que l'acte solennel, auquel je vais procéder en présence de ce souvenir cher à mon cœur, conserve son austère sérénité et commande à la profonde émotion de mon cœur, et pour que la consécration de cette union conjugale soit efficace pour les fiancés, que nous avons conduits devant la face du Seigneur.

Et vous tous, mes bien-aimés, que les liens de famille et de franche amitié unissent à ces jeunes fiancés, auxquels vous avez fait cortége à l'autel de ce lieu saint, vous vous joindrez à moi pour adresser au Très-Haut notre fervente prière, de faire descendre sur ce couple chéri ses plus précieuses bénédictions.

Ah, remettons avec confiance les futures destinées de nos fiancés entre les mains paternelles de notre Dieu! Celui, qui a été avec nous et ne nous a point abandonnés, ne les délaissera point. Il peut leur donner, et il leur donnera — nous en avons la réjouissante assurance — sinon ce qu'ils désirent et ce que nous désirons pour eux, du moins ce qui leur sera profitable et ce qui assurera à jamais le salut de leurs âmes immortelles.

Élevez donc, chers enfants, vos pensées vers Dieu, de qui procède tout secours et toute bénédiction, afin que vos cœurs vivement émus soient affermis dans la foi, et que la joie de ce jour devienne la joie sanctifiée par le Seigneur.

Écoutez avec recueillement les paroles de bénédiction, que je puise dans les saintes inspirations de mon cœur de père, qui n'a aujourd'hui et qui n'aura toujous pour vous que des bénédictions.

Ce ne seront pas seulement mes paroles de bénédictions, que je vous adresserai ; ce seront à la fois celles de vos deux mères, dont l'une vous a accompagnés dans ce lieu saint, et dont l'autre se trouve retenue chez elle par son âge déjà avancé et par la grande distance qui nous sépare. Ce seront encore celles de votre oncle, qui, fidèle à un pieux souvenir, remplace aujourd'hui au milieu de nous le père du fiancé enlevé prématurément à sa tendresse filiale. Ce seront celles de vos frères et sœurs, dont plusieurs n'ont pas pu assister à notre fête de famille, mais qui, en pensées et en prières, sont au milieu de nous ; ce seront enfin celles de ce cercle d'amis, bien chers, qui s'est formé autour de vous, de ces amis, qui sont venus de près et de loin, pour rehausser par leur présence l'éclat de votre jour d'honneur et pour vous offrir tous leurs vœux pour votre bonheur.

Les paroles qui résument ma bénédiction paternelle, sont celles de notre texte : La bénédiction de l'Éternel soit sur vous ! Nous vous bénissons au nom de l'Éternel.

Comment pourrais-je vous bénir autrement qu'au nom et avec la bénédiction de Celui, dont je suis l'humble serviteur et en ce moment le mandataire, pour recevoir vos promesses et pour donner à votre alliance conjugale la consécration désirée ? Vous dirai-je, que ma bénédiction au nom de l'Éternel ne se bornera pas seulement à de pieux vœux et à de ferventes prières pour vous, mais qu'elle consiste de préférence en avis, en exhortations sérieuses pour votre conduite future, et que, tout ce que j'aurai à vous dire, émane d'un cœur de père, qui vous aime, et qui n'a d'autre désir, que de vous voir heureux ? — Ah, si je devais vous dire tout ce que je ressens pour vous, ma voix faiblirait à cette tâche, et je ne trouverais pas les paroles, qui fussent la fidèle et éloquente expression de tous mes sentiments pour vous.

Mon cher fils, — vous me permettrez bien de vous donner, à partir de ce jour, ce doux nom, qui vous rappellera désormais, que des liens sacrés vous rattachent à moi et à ma famille. Je vous amène aujourd'hui l'épouse, que vous avez jugée digne de votre choix, dans la personne de ma fille bien aimée, et je vous la remets en cette heure solennelle avec la plus entière confiance, en la plaçant sous la garde de votre honneur, de votre loyauté, de la foi, que vous lui avez jurée. Vous tiendrez ferme — je n'en doute pas — sa main, déposée dans la vôtre pour cette alliance, qu'aucun pouvoir humain ne pourra dissoudre, que la mort seule brisera un jour; vous la tiendrez toujours ferme avec la même affection, avec laquelle vous la recevez aujourd'hui de moi. Vous lui serez l'ami éprouvé, le fidèle compagnon, le guide, sur lequel elle pourra compter avec assurance dans la voie incertaine, qui s'ouvre aujourd'hui sous vos pas. Vous vous efforcerez avec la loyauté, qui vous distingue, et que j'ai su apprécier avec bonheur dès les premiers jours de notre entrevue, de lui remplacer par votre tendresse la famille, qui l'a vue grandir et que, suivant le commandement du Seigneur, elle va quitter pour vous suivre dans le foyer domestique que vous lui offrez bien loin de nous. En un mot, vous la ferez jouir de tout le bonheur, qu'il vous sera donné de lui assurer dans la mesure de vos forces.

Et toi, ma chère fille, tu reconnaîtras, avec un profond sentiment de gratitude envers Dieu, une telle affection tendre, dévouée et fidèle de l'époux que tu as rencontré sur le chemin de ta vie, et tu lui rendras les nobles sentiments qui l'animent, avec toute la faveur de ton cœur aimant et par l'accomplissement de tes nouveaux devoirs d'épouse et de membre de la seconde famille, auprès de laquelle tu as trouvé déjà l'accueil le plus cordial et le plus bienveillant.

Un époux d'un cœur droit et bien intentionné, digne de ton estime et de ton affection, te tend aujourd'hui la main pour l'union la plus intime et la plus sacrée de la vie humaine. Sois et demeure lui toujours l'épouse aimante, qu'il a cru trouver en toi, répondant ainsi par une tendresse à toute épreuve à sa juste attente, et aux espérances qu'il fonde sur toi, et à celles de ta seconde mère, qui dorénavant remplacera auprès de toi celle qui t'a donné le jour, et dont tu vas te séparer, pour te conformer aux nouveaux devoirs que tu contractes aujourd'hui : Marche ainsi, ma chère fille, à côté de l'élu de ton cœur, dans le sentier du devoir conjugal, et dans la bénédiction de l'Éternel, aussi longtemps qu'il lui plaira de prolonger les jours, et jusqu'à la dernière limite de l'âge humain le plus reculé, si ses desseins souvent impénétrables sont conformes à nos vœux.

Mais ne l'oubliez jamais, mes chers enfants, et gravez-le profondément dans vos cœurs attendris : c'est dans la bénédiction de l'Éternel qu'il faudra marcher, qu'il faudra poursuivre avec persévérance la nouvelle route, aujourd'hui parsemée de fleurs et peut-être un jour arrosée de vos larmes.

Quoi de plus précieux pourrions-nous aussi demander au ciel pour vous ! Il n'y a que cette bénédiction de l'Éternel, qui nous rassure sur l'avenir caché à vos yeux et aux nôtres. C'est pourquoi nous disons du fond de nos cœurs et avec les termes de notre texte : «La bénédiction de l'Éternel soit sur vous ! Nous vous bénissons au nom de l'Éternel.»

Retenez donc bien dans vos cœurs les sérieux avertissements que je vous donne aujourd'hui, comme père et comme ministre de la sainte parole de Dieu :

Que l'Éternel notre Dieu vous soit un soleil et un bouclier ; que sa sainte parole serve de lampe à votre pied et de lumière pour votre sentier ; qu'elle soit la consolation et la force de vos cœurs sur la voie entourée de profondes ténèbres, que vous abordez aujourd'hui avec tant de belles et tant de justes espérances, mais qui hélas ! ne se réaliseront pas toutes sur cette terre soumise aux lois de la fragilité et de l'instabilité.

Tenez-vous donc à Dieu et à sa parole éternelle, à Christ, votre sauveur, et à ses promesses infaillibles, qui seules s'accompliront toujours au milieu de l'inconstance des choses de ce monde. C'est à votre Dieu, et à lui seul, qu'il faudra remettre et votre sort et votre conduite. Oui, remettez votre voie sur l'Éternel, n'en choisissez pas de votre gré, et surtout ne choisissez pas des voies, où vous ne pourriez pas marcher devant la face de l'Éternel. Déchargez-vous de vos affaires sur l'Éternel, et vos desseins seront affermis. Soyez toujours consciencieux dans l'accomplissement de vos devoirs d'époux, de membres de famille, d'enfants de la patrie, et, s'il plaît à Dieu, de père et de mère.

Et avant toutes choses, n'oubliez jamais, que vous êtes membres du royaume de Dieu et de Christ. Oh! que la foi, l'espérance et la charité demeurent à jamais les bons anges, les génies tutélaires, qui veillent sur vous ! Ne vous laissez jamais entraîner et enchaîner par le monde et ce qui est dans le monde, par la terre et ses biens et ses jouissances, par ses soucis et ses peines, au point d'oublier, que vous ne serez véritablement heureux et bénis, qu'aussi longtemps que vous demeurerez bénis au nom de l'Éternel.

Il est vrai, le Seigneur ne vous a pas donné en partage, ce que le monde appelle un sort brillant. Mais en réglant votre vie et votre conduite d'après les principes d'une piété sincère, de cette piété éclairée, qui élève l'homme au-dessus du vulgaire et qui le dispose à tout ce qui est bien, noble et généreux, en cultivant et en développant avec soin les heureuses dispositions, dont Dieu vous a doués, vous vous trouverez encore suffisamment bénis dans l'honorable condition sociale que vous a préparée le culte du noble art, appelé par les anciens un don du ciel, et que vous pratiquiez avec succès dès votre jeune âge.

L'éclat, les richesses et l'opulence ne sont pas les conditions premières et indispensables de la satisfaction de la vie. La bonne parole de l'apôtre du Seigneur se confirme tous les jours, elle se confirmera éternellement, savoir : la piété avec le contentement d'esprit est un grand gain, et je dirai même, est le plus grand gain, en y ajoutant cette autre parole de nos saintes Écritures : n'aspirez pas aux choses relevées, mais marchez avec les humbles.

Servez Dieu dans la position sociale qui vous est échue, avec les moyens qui vous sont donnés, avec un cœur droit, dévoué et disposé à la résignation, et Dieu ne manquera pas de satisfaire les modestes prétentions que vous pourrez faire valoir en présence des jouissances du monde. Prenez seulement votre plaisir en l'Éternel, et il vous accordera les demandes de votre cœur. Il vous donnera en tout temps et dans toutes les circonstances ce dont vous aurez besoin et ce qui vous sera vraiment utile et salutaire.

Celui qui a réglé avec sagesse et avec bonté le cours de votre vie, qui a écrit sur son livre chacun de vos jours et toutes vos destinées à venir ; celui, qui a préparé les moyens de vous rencontrer, et qui a disposé vos cœurs à l'affection mutuelle ; celui, au nom duquel vous recevez aujourd'hui avec attendrissement la bénédiction de votre alliance conjugale, ne vous laissera jamais manquer de rien, qui vous soit réellement profitable, même alors que l'avenir vous reserve des heures de tristesse et des jours de rudes épreuves.

Et il en sera ainsi, mes chers enfants, dans le cours de votre vie. Comment pourrais-je taire dans cette heure de solennelle consécration, d'inauguration d'une nouvelle ère de votre vie, les vicissitudes auxquelles est exposée la vie humaine ! Ah, la douleur touche la joie souvent de bien près dans ce bas monde ! Ne vous attendez donc pas à autre chose dans le cours de votre vie. En marchant même résolument et avec persévérance, selon mes exhortations paternelles, dans la bénédiction de l'Éternel, et en voyant même descendre sur vous, selon nos désirs et nos prières, les précieuses grâces du ciel, vous pourrez ne pas être préservés des rudes et tristes épreuves de la vie.

Oh ! alors efforcez-vous de vous rendre approuvés de Dieu, comme des ouvriers sans reproche. Conservez alors dans ces épreuves la douce et réjouissante paix de la foi et d'une conscience pure ; elle vous raffermira, elle ne vous laissera pas succomber à la douleur. Dans ces moments de tristesse et d'abattement, consolez-vous avec la parole du Juste de la haute antiquité : Les âmes des justes sont dans la main de Dieu, et nul tourment ne les touchera ; Dieu les éprouve, et il les trouve dignes de lui. Oh ! que cette foi sublime demeure dans les bons et les mauvais jours votre force, votre grande consolation et votre meilleur soulagement !

Mais pourquoi attrister vos regards par un tableau aussi sombre de la vie ! Pourquoi jeter le trouble dans vos cœurs attendris, aujourd'hui, où, au début de votre nouvelle carrière, tout vous sourit, où la douce perspective et la joyeuse attente de la bénédiction de l'Éternel vous rassurent et vous portent à vous abandonner sans réserve et avec une joie pleine de reconnaissance au sentiment de bonheur, dont les cœurs pieux et aimants sont seuls capables.

Non, loin de nous ce sombre et triste tableau ! Et répétons avec la profonde émotion d'un père en prière : La bénédiction de l'Éternel soit sur vous ! Nous vous bénissons au nom de l'Éternel !

Et vous, chers amis de nos fiancés, vous unirez vos vœux et vos prières avec les miens et ceux de ma famille pour la prospérité toujours croissante de ce couple chéri. Vous lui conserverez votre précieuse affection et les sentiments de douce sympathie qui le rend si heureux aujourd'hui.

C'est avec cette prière que j'introduis ma fille chérie dans sa nouvelle famille. C'est cette prière que j'adresse avant tout à la nouvelle mère de ma fille, à laquelle je transmets aujourd'hui solennellement tous mes droits et ceux de mon épouse. Qu'elle lui accorde son affection maternelle, et qu'elle lui soit la conseillère éprouvée et bienveillante dans sa nouvelle condition ! Ma fille, désormais la sienne, lui rendra son affection de mère par les sentiments de sa piété filiale et de sa vénération la plus respectueuse.

C'est à vous, cher oncle du fiancé, que je la recommande en particulier, à vous, qui êtes le chef vénérable et vénéré de la famille, dont ma fille sera maintenant la dernière venue. Accordez-lui une part de l'affection éclairée et douce, que vous avez consacrée aux enfants de votre défunt frère. Soyez encore pendant de longues années l'heureux intermédiaire de la bénédiction de l'Éternel, que nos communes prières appellent sur nos chers fiancés.

Je recommande aux frères et sœurs du fiancé la nouvelle sœur, je la leur recommande avec le pieux désir, que l'affection mutuelle veuille les unir plus étroitement chaque jour, et que le bon esprit de la concorde sans trouble continue à régner parmi eux et dans toute la famille.

Oh ! mes chers enfants, que ce soit là la bonne nouvelle que vous transmettrez souvent dans notre paisible presbytère, devenant de jour en jour plus silencieux, à votre père et à votre mère, qui, dans leur sollicitude, regretteront votre présence, mais qui trouveront dans la certitude de votre bonheur conjugal la seule compensation qu'ils désirent.

L'heure de séparation va bientôt sonner pour moi et pour ma fille bien-aimée ; je ne la reverrai plus que fort rarement dans cette vie. Les adieux seront bien pénibles pour moi et pour les miens. Mais ce qui nous rassurera, c'est la pensée, que le sort de ma fille est sous la garde de Dieu, sous celle d'une honorable famille qui a droit à toute notre estime, et qu'il demeure confié à un homme de bien.

Vous, mon cher fils, je vous bénis, comme étant un de mes enfants chéris, et, s'il plaît à Dieu, encore longtemps comme étant la joie de mes vieux jours.

Eh bien donc, répétons-le encore une fois : La bénédiction soit sur vous, mes chers enfants ! Je vous bénis au nom de l'Éternel. Amen.

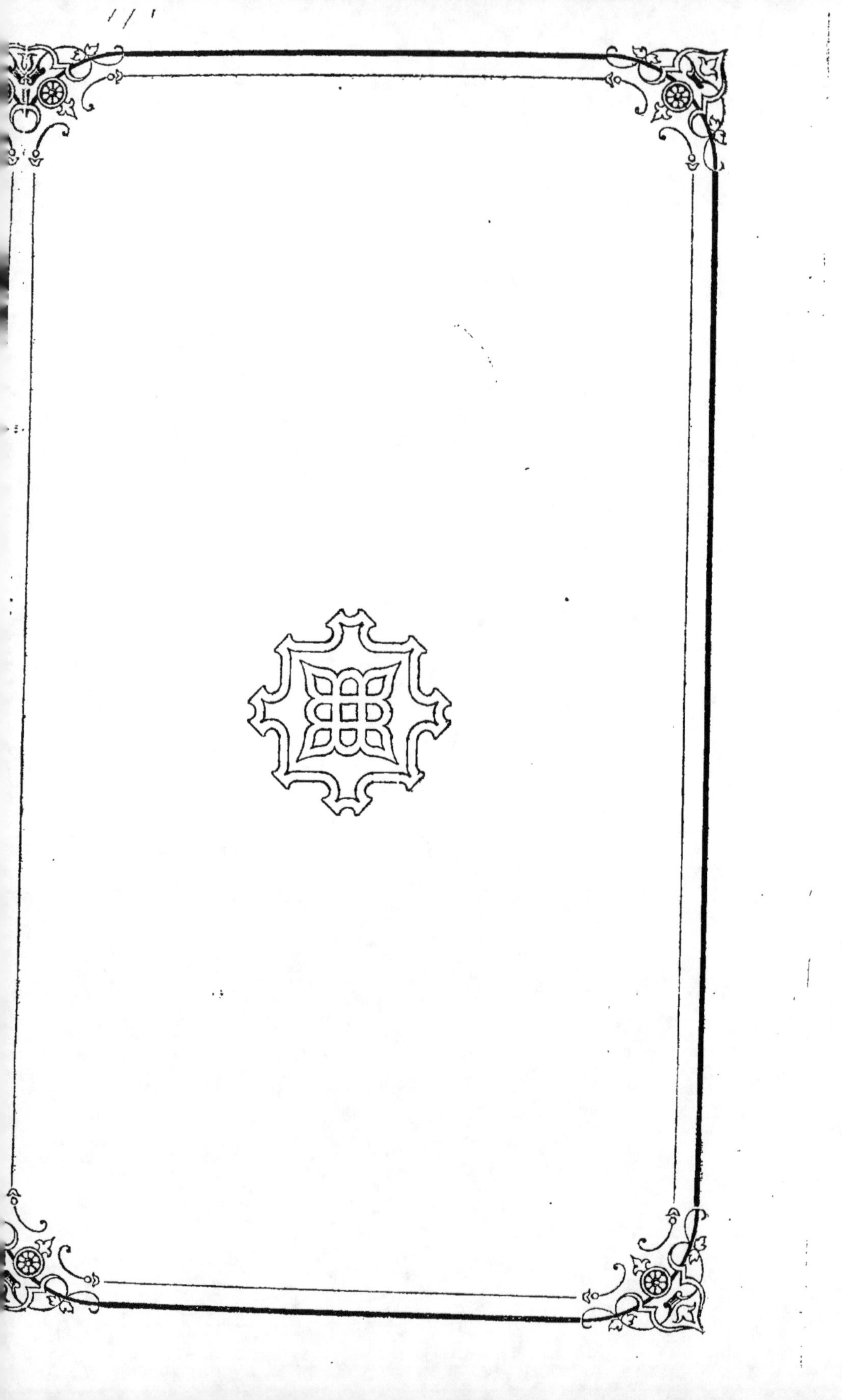